C000041466

797,885 Books

are available to read at

www.ForgottenBooks.com

Forgotten Books' App
Available for mobile, tablet & eReader

ISBN 978-0-259-34726-2
PIBN 10664538

This book is a reproduction of an important historical work. Forgotten Books uses
state-of-the-art technology to digitally reconstruct the work, preserving the original format
whilst repairing imperfections present in the aged copy. In rare cases, an imperfection in
the original, such as a blemish or missing page, may be replicated in our edition. We do,
however, repair the vast majority of imperfections successfully; any imperfections that
remain are intentionally left to preserve the state of such historical works.

Forgotten Books is a registered trademark of FB &c Ltd.
Copyright © 2017 FB &c Ltd.
FB &c Ltd, Dalton House, 60 Windsor Avenue, London, SW19 2RR.
Company number 08720141. Registered in England and Wales.

For support please visit www.forgottenbooks.com

1 MONTH OF
FREE
READING

at

www.ForgottenBooks.com

By purchasing this book you are eligible for one month membership to ForgottenBooks.com, giving you unlimited access to our entire collection of over 700,000 titles via our web site and mobile apps.

To claim your free month visit:

www.forgottenbooks.com/free664538

* Offer is valid for 45 days from date of purchase. Terms and conditions apply.

English
Français
Deutsche
Italiano
Español
Português

www.forgottenbooks.com

Mythology Photography **Fiction**
Fishing Christianity **Art** Cooking
Essays Buddhism Freemasonry
Medicine **Biology** Music **Ancient**
Egypt Evolution Carpentry Physics
Dance Geology **Mathematics** Fitness
Shakespeare **Folklore** Yoga Marketing
Confidence Immortality Biographies
Poetry **Psychology** Witchcraft
Electronics Chemistry History **Law**
Accounting **Philosophy** Anthropology
Alchemy Drama Quantum Mechanics
Atheism Sexual Health **Ancient History**
Entrepreneurship Languages Sport
Paleontology Needlework Islam
Metaphysics Investment Archaeology
Parenting Statistics Criminology
Motivational

ASSOCIATION NORMANDE

DISCOURS

DE M. LE COMTE DE SALVANDY

SUR

LE GÉNIE NORMAND

AU BANQUET

donné par la ville de Verneuil (Eure)

LE 17 SEPTEMBRE 1854, A L'ASSOCIATION.

PARIS

TYPOGRAPHIE DE CH. LAHURE

Imprimeur du Sénat et de la Cour de Cassation

rue de Vauglrard, 9

1854

ASSOCIATION NORMANDE.

DISCOURS

DE M. LE COMTE DE SALVANDY,

SUR

LE GÉNIE NORMAND,

AU BANQUET

Donné par la ville de Verneuil (Eure),

LE 17 SEPTEMBRE 1854, A L'ASSOCIATION.

Messieurs,

J'ai l'honneur de vous proposer un toast dont le succès serait assuré auprès de vous, si, pour mieux répondre aux exigences d'un auditoire devenu tout à coup plus imposant et plus redoutable, je pouvais reproduire exactement les paroles si précises et si vraies que faisait entendre ce matin, sur les travaux et les services archéologiques de la *Société française*, M. le président de l'*Association normande* pour la section de l'Eure[1]. C'est, en effet, à la *Société française*, messieurs, que je vous demande de consacrer votre dernier tribut d'estime et de reconnaissance. Ce sera payer une dette envers les traditions et les souvenirs de la patrie normande, dont elle garde le dépôt avec tant de dévouement et de lumières; ce sera marquer la place qu'a tenue dans nos réu-

---

1. M. Lefèvre-Duruflé, secrétaire général du conseil général du département de l'Eure, membre du Sénat.

nions ce grand intérêt de l'histoire, dont le nom ne figure
pas à côté de ceux de l'agriculture et du commerce sur le
panonceau dressé au-dessus de nos têtes, mais qui n'a pas
été pour cela omis par les habiles ordonnateurs d'une fête,
de tous points si instructive et si belle. Car il brille, grâce
à eux, de toutes parts, dans ces armoiries qui font revivre
le passé tout entier à nos yeux ; il brille mieux encore dans
la mémoire que nous gardons tous des savantes discussions
de tant d'esprits éclairés, de tant de doctes amants des traditions nationales, qui sont venus, à la voix de l'infatigable
et patriotique fondateur de l'*Association* [1], jeter sur notre ses-
sion trop courte un si vif et si utile éclat.

Pouvait-il n'en être pas ainsi ? C'est dans la puissance
des souvenirs que l'*Association normande* puise sa force. Elle
rend le service de maintenir, à travers toutes les transfor-
mations des temps, en présence des circonscriptions nouvelles qui ont passé dans les intérêts, dans les esprits, dans
les mœurs, qui sont la nécessité du présent et la loi de l'a-
venir, cette forte unité provinciale de nos contrées, qui,
loin d'affaiblir, comme on l'a dit, le lien national, le conso-
lide et le resserre par une chaîne de plus. Où convenait-il
mieux de maintenir cette unité native, par des institutions purement scientifiques et libres, telles que la *Société
française* et l'*Association normande* s'ajoutant l'une à l'autre,
si ce n'est dans le vieux duché de Rollon, dans ces cinq
grands départements, qu'unit d'une façon profonde, plus
peut-être que nulle part ailleurs, la communauté, si distincte
et si brillante, d'origine, d'entreprises, de lois, de mœurs,
de nom enfin, d'un nom qui brille parmi les plus grands de
l'histoire ? Cette communauté s'est perpétuée dans les esprits,
parmi tous nos changements d'institutions et de régime, et
un jour devait se rencontrer, où elle éclaterait d'une façon
glorieuse aux regards de la France ; le jour où, dans les
premiers transports d'une révolution qui menaçait de tout
engloutir, les cinq départements de la Normandie se sont
levés comme un seul homme pour protester contre la disso-
lution sociale, pour arrêter les destinées publiques sur le
penchant des abîmes. On les a vus, à ce moment, retourner
avec une intrépide sagesse les instruments de la démocratie
triomphante contre elle-même, contre son principe, contre

1. M. de Caumont.

les intentions anarchiques qui les lui avaient donnés, sans que, d'une extrémité à l'autre de ce vaste territoire, entre tant d'élections accomplies à travers l'ouragan et sous l'étreinte des passions révolutionnaires, un seul scrutin se soit trouvé, qui fît défaut à la cause de l'ordre et des lois! Le suffrage universel parmi vous, défenseur inattendu des intérêts sociaux, comme la garde nationale de Rouen dans son initiative héroïque, s'est employé à éteindre l'incendie qu'il devait propager. Je ne sais si la France reçut jamais un aussi grand service d'aucune des grandes fractions territoriales dont le faisceau national se compose.

Cette forte unité a ses racines dans l'histoire. Elle se révèle, dès les premiers temps, par un génie à part, qu'on dirait né de la longue lutte de vos ancêtres contre les éléments dans leurs courses guerrières à travers l'Océan, et qui s'est perpétué dans une existence moins agitée, qui a fait tous les prodiges de vos annales, par lequel vos pères ont accompli quelques-unes des plus grandes choses qu'ait vues le monde. Il consiste dans un singulier mélange de dons différents et presque contraires, qu'on n'a vus réunis au même degré chez aucune des races les plus privilégiées de la Providence : je veux dire la force et la sagesse, le calcul et l'invention, l'esprit de conquêtes, le goût des aventures, la passion des découvertes, en portant dans les conquêtes l'habileté, dans les découvertes la persévérance, dans l'aventure le bon sens ; génie tout ensemble entreprenant, fécond et modéré, où l'imagination et le jugement, la poésie et les réalités ont une égale part, tellement qu'on ne sait ce qu'on doit le plus y admirer, ou bien l'élan créateur qui pousse toujours en avant, ne connait pas d'obstacle, ne s'arrête qu'au bout de ses forces, ou bien l'ardent courage, qui trouve dans les périls une raison de plus pour aller droit au but, dans les difficultés un nouvel aiguillon pour les surmonter, ou, enfin, la réflexion, la patience, la mesure, qui assurent aux entreprises le succès, au courage la victoire. Cet heureux génie possède, en un mot, le plus précieux des attributs et le plus rare, celui de la sagesse dans la force dont on sait trop le prix quand on a médité sur les destinées de notre patrie, quand on a mis la main aux affaires publiques parmi nous ! Et, seul ici, j'ai le droit d'en dire ma pensée ; car je ne suis pas l'un de vous. Fils

```
|  ||| d'affait
|||  et le re
||||||||  
||||||| purev
```

—

.es fastes, ses ricesses comme son pouvoir, en
témoignages vivats, ou plutôt contester que l'An-
'e la conquête, d vos ducs, des Plantagenets, de
enfin, soit la mêie que celle du temps où nous
c'est nier le scil ; c'est nier votre glorieux
ses 60 000 comignons, et sa journée d'Has-
le trône qu'il a fondé, et les huit siècles qui
', depuis, que lffermir. C'est nier la devise
·ronne d'Angletere, si visiblement française de
i profondément prmande d'idées : « Dieu et mon
C'est nier également tout le vocabulaire constitu-
˄ la Grande-Bretage. Car la liberté du peuple an-
˄ le sceau de votreangue et de votre génie, autant
·vauté. Pénétrez sos ces voûtes de Westminster où
·tés que je signaleont pu se faire jour : assistez à
·es solennelles duparlement, dans lesquelles la
veraine de l'empie britannique, du haut de son
ort, que fortifient ïcore aux yeux de ses peuples
stiques et royalesvertus, accorde ou refuse sa
ïux bills des deux iambres, vous entendrez, avec
motion, retentir eison nom, dans la langue de ses
Jes vôtres, ces rots sacramentels : « *La reyne*
; la reyne le veu; la reyne mercye ses loyaux
de leur bénévoleni, et ainsy le veult ! » Est-ce là
ou du normand? nand la reine, quand la con-
˅ l'Angleterre s'adissent-elles en saxon au peuple
ui a ouï parler nlle part du génie saxon, jus-
ːerniers temps ; est-à-dire, bien entendu, de
ːa Grande-Bretagni, non de celui dont Gœthe est
ːression, dont les ours de Dresde, de Gotha, de
ːt les nobles eïbrillantes images? Que sont,
Saxons dans histoire de l'Angleterre? Quel
llement régn sur elle? Quand ont-ils soumis
·ys de Gães, l'Irlande, l'Écosse? Quand
·elles desparties de la Grande-Bretagne
·mises, sis que ce fût en commun avec
·s Angl, avec les Danois? Par quels
conquès extérieures se sont-ils mani-
ınde? in de conquérir, ils n'ont pu
un deïassaillants que tentaient tour à
de leɪs récents domaines ! Le jour
ıansı personne du fier Guillaume,

aussi d'une race historique, celle qui a donné Henri IV à la France avec une foule de généraux illustres, et qui peut s'applaudir d'avoir quelques gouttes de sang normand dans les veines, mais qui n'y en a que quelques gouttes, je ne puis me considérer que comme un hôte, comme un citoyen adoptif de vos contrées, et c'est pour payer la dette de l'hospitalité, en même temps que pour donner une conclusion à nos travaux, pour en déduire la moralité, pour en faire sortir d'utiles leçons dans un intérêt plus général, ainsi qu'il convient, en tous temps, à des réunions nombreuses et éclairées comme la vôtre, que je veux insister, puisque votre indulgente bienveillance m'y encourage, sur ce qu'est réellement en elle-même, sur ce qu'a été dans l'histoire, cette force presque unique et admirable, le génie normand.

La littérature anglaise, depuis un quart de siècle, par des motifs que je ne veux pas sonder, et au péril, je le crains, de résultats funestes tôt ou tard, a imaginé de nier le génie normand que j'expose et qui a fait la grandeur de son pays, d'abolir les origines normandes du peuple et des lois de l'Angleterre, de biffer de ses armes l'écusson de vos aïeux. L'esprit saxon, la race saxonne, les origines qui s'y rattachent, dit-on, sont l'unique passé que reconnaissent les livres, les recueils, les journaux, les discours du parlement, même alors que ce sont des conservateurs illustres qui se font entendre sous les voûtes de Westminster! Ce système est toute une révolution historique, en attendant plus; une révolution étrange, en attendant pis. Il ne conteste pas seulement l'histoire, il ne violente pas seulement l'évidence; il attaque à ses sources, il sape à ses bases cette grande aristocratie qui a fondé, qui a soutenu toutes les institutions de l'Angleterre, qui est aujourd'hui encore leur nécessaire support, qui les entraînerait inévitablement dans sa chute. On dirait une sorte de nuit du 4 août qui commence pour elle, à son propre insu, qui ne la dépossède encore que de son blason, qui fera davantage à la longue, et ce sera un long deuil pour tous les esprits élevés du monde entier. Car, parmi bien des torts et bien des fautes, elle a un grand titre à leur intérêt et à leur respect : c'est d'avoir, presque seule dans le monde jusqu'à ce jour, réussi à concilier d'une façon durable l'ordre avec la liberté. Contester qu'elle soit normande à peu près tout entière, qu'elle le soit de nom, de sang, de tradition, que ses écussons

comme ses fastes, ses richesses comme son pouvoir, en
soient les témoignages vivants, ou plutôt contester que l'Angleterre de la conquête, de vos ducs, des Plantagenets, de
l'histoire enfin, soit la même que celle du temps où nous
sommes, c'est nier le soleil ; c'est nier votre glorieux
Bâtard et ses 60 000 compagnons, et sa journée d'Has-
tings, et le trône qu'il a fondé, et les huit siècles qui
n'ont fait, depuis, que l'affermir. C'est nier la devise
de la couronne d'Angleterre, si visiblement française de
langage, si profondément normande d'idées : « DIEU ET MON
DROIT ! » C'est nier également tout le vocabulaire constitu-
tionnel de la Grande-Bretagne. Car la liberté du peuple anglais porte le sceau de votre langue et de votre génie, autant
que sa royauté. Pénétrez sous ces voûtes de Westminster où
les témérités que je signale ont pu se faire jour : assistez à
ces séances solennelles du parlement, dans lesquelles la
jeune souveraine de l'empire britannique, du haut de son
trône si fort, que fortifient encore aux yeux de ses peuples
ses domestiques et royales vertus, accorde ou refuse sa
sanction aux bills des deux chambres, vous entendrez, avec
une vive émotion, retentir en son nom, dans la langue de ses
pères et des vôtres, ces mots sacramentels : « *La reyne*
« *advisera; la reyne le veult; la reyne mercye ses loyaux*
« *subjects de leur bénévolence, et ainsy le veult !* » Est-ce là
du saxon ou du normand? Quand la reine, quand la con-
stitution de l'Angleterre s'adressent-elles en saxon au peuple
anglais? Qui a ouï parler nulle part du génie saxon, jusqu'à ces derniers temps ; c'est-à-dire, bien entendu, de
celui de la Grande-Bretagne, non de celui dont Gœthe est
la vive expression, dont les cours de Dresde, de Gotha, de
Weimar, sont les nobles et brillantes images? Que sont,
d'ailleurs, les Saxons dans l'histoire de l'Angleterre? Quel
jour ont-ils réellement régné sur elle? Quand ont-ils soumis
à leurs armes le pays de Galles, l'Irlande, l'Écosse? Quand
ont-ils gouverné celles des parties de la Grande-Bretagne
qui leur ont été soumises, sans que ce fût en commun avec
les Bretons, avec les Angles, avec les Danois? Par quels
travaux, par quelles conquêtes extérieures se sont-ils mani-
festés au reste du monde? Loin de conquérir, ils n'ont pu
se défendre contre aucun des assaillants que tentaient tour à
tour les verts rivages de leurs récents domaines ! Le jour
où le génie normand, dans la personne du fier Guillaume,

apparut en face d'eux, ce jour-là, les débris de la conquête
saxonne se sont évanouis, et un grand historien, qui est
cependant le chantre passionné des vaincus, fait voir, presque malgré lui, que rien n'est resté de cet informe et pré-
caire épisode de temps purement barbares.

Au contraire, l'esprit nouveau qui règne sur l'île de
Guillaume le Conquérant, va, de toutes parts, se révéler au
monde. Il a, du premier coup, assujetti la Grande-Bretagne
entière. Il se saisira peu à peu des trois couronnes. Il con-
stituera l'empire britannique. Que dis-je? il va jusqu'à me-
nacer la France. Et déjà, navigateur intrépide, à l'exemple
de vos pères, il s'élance sur toutes les mers; il établit sa
domination sur tous les rivages. Au plus grand système co-
lonial que le monde ait connu, il imprime, par sa constance,
le sceau de la durée; par son habileté, le sceau de l'opu-
lence; par son courage, le sceau de la puissance et de la
grandeur. Un autre grand peuple après lui, issu de lui
comme lui-même est issu de vous, pionnier infatigable, attaque par les mêmes procédés, dompte par le même mélange d'ardeur illimitée et de raison pratique, les forêts, les
lacs, les glaciers de l'Amérique. Là et partout, c'est la vie
aventureuse et dominatrice des premiers Normands étendue
aux deux mondes.

Et, ce qui est le caractère essentiel de cette forte race,
ce qui la distingue de toutes les autres, du moins dans ses
types natifs, c'est que la même puissance qu'elle déploie
pour la colonisation et la conquête, elle la montre en même
temps dans ce qui a semblé ailleurs le plus contraire, le commerce et l'industrie, les sciences et les lettres. Chez elle,
Blake et Cook auront pour compagnons de gloire, pour ar-
tisans de la même fortune, Stevenson, Fairbairn, votre
Brunel, car l'Angleterre vient encore vous demander le plus
grand de ses ingénieurs, et Bacon, Shakspeare, Milton,
Byron, Hume, Newton. C'est avoir pour attributs la hache et
la boussole, le glaive et le flambeau.

Disons-le : il n'a manqué à la race normande trans-
plantée, devenue anglaise, que le don plus général de com-
muniquer aux autres tous ses biens et de les leur faire aimer; ce don plus français, ce semble, que nous tenons de
notre part de génie méridional, de nos habitudes chevale-
resques, et qui conquiert les esprits indépendamment des
territoires! Elle a pris, dans sa vie insulaire, quelque chose de

personnel et d'exclusif qui vous est étranger. A cela près, vous
avez eu tout le reste. Vous l'avez eu si bien qu'il est évi-
dent que c'est de vous qu'elle l'a tenu. Si les traces de la
filiation étaient perdues, si elles n'étaient pas empreintes
d'une façon ineffaçable dans les monuments, dans les lois,
dans toute la généalogie et l'organisation de l'Angleterre,
on la retrouverait d'une façon certaine dans le seul rappro-
chement des caractères, des conduites, des maximes, des
forces. J'entends celles qui conservent, comme celles qui fon-
dent !

Quelle autre race, dans le monde, a, comme la vôtre,
et bien avant le peuple anglais, couvert toutes les mers
de ses barques audacieuses et invincibles, pénétré dans tous
les fleuves, porté la guerre, la domination, des établisse-
ments solides sur tous les rivages? A peine vos pères sont-
ils les maîtres de cette Neustrie, qu'ils fortifient, qu'ils
enrichissent, où le soc de leurs charrues se montre aussi
habile que le harpon de leurs navires, aussi conquérant
que le glaive de leurs bandes terribles, voyez-les se porter résolûment, mais après mûres délibérations, en sachant
bien ce qu'ils tentaient et ce qu'ils allaient faire, à la conquête de ce royaume de Harold que toutes les races se
disputent, et ce n'est là pour eux qu'un des jeux de leur
audace, qu'un des calculs de leur puissance. Quelques an-
nées auparavant, une poignée de gentilhommes du littoral
d'Avranches et de Granville, sous la conduite des Tancrède
et des Robert Guiscard, n'étaient-ils pas allés conquérir et
fonder en Italie un royaume qui subsiste encore, dont le lien
intime et caché avec la France n'a jamais pu être rompu depuis! C'est la foi qui les conduit, et elle est bonne conseillère.
Un dessein profond et un grand acte se cachent sous la fière
aventure. Nos chevaliers savaient bien où étaient leurs ap-
puis et leurs forces, en s'attaquant à la fois, en Sicile à l'esprit musulman qui grandit, dans Naples à l'esprit grec qui
tombe. Ils arrachent ainsi, en même temps, à l'un et à l'autre
l'Italie encore possédée par les Césars, les armes, le schisme
d'Orient, et tout entière menacée par l'infidèle. Aussi, dans
les croisades, vaillantes poursuites de ce double but que les
philosophes prétendus n'ont pas compris, qu'à leurs points
de vue étroits ou faux on ne pouvait comprendre, vos pères
furent-ils à l'avant-garde de tous ces guerriers du monde
catholique, allant au cœur de l'Asie et sur tous les rivages

de la mer Égée et de la mer Noire, de Damiette à Constantinople et à Varna, de Chypre et de Rhodes à Antioche et à Trébizonde, faire effort pour remplacer, par les lumières de la foi féconde qui était en eux, la domination turque qui ne savait que dévaster ou tuer, et la domination grecque de la décadence qui écrase et qui isole. Ils contribuèrent plus que personne à faire de la Méditerranée un lac latin, en attendant les temps où le génie des François Ier, des Henri IV, des Richelieu, des Louis XIV, des Fleury, des Choiseul, en devait faire, jusqu'aux jours de la Révolution, un lac français.

Voilà vos pères, héros et aventuriers, comme on dit! Je dis politiques, fondateurs, conquérants, et ils l'ont été en toutes choses. Dans le commerce, dans l'industrie, dans la navigation, voyez vos cités, vos ports, vos chantiers! Un simple armateur fait régner sur les mers le pavillon de la France, découvre et conquiert des royaumes. Ceux qui viennent après lui soumettent l'Amérique à peine découverte, le Brésil, le Canada, à leur commerce, qui prépare les chemins à celui du monde. Duquesne, à la voix de Louis XIV, montre d'avance aux petits-fils et aux neveux du grand roi, il montre à nos soldats la route d'Alger. Jules de Blosseville va, dans les profondeurs du nord, engager, contre les mers de glace des régions polaires, ce combat du génie de l'homme contre la nature, et l'on dirait contre les défis de la Providence, où sir John Franklin ne fera que le suivre glorieusement. Tous deux donnent leur vie et celles de leurs compagnons pour la dernière énigme du globe qui reste à deviner. L'énigme est terrible. Ne nous étonnons pas qu'elle ait été plus forte qu'eux!

On n'a pas assez remarqué un singulier et glorieux profit qu'ont fait vos contrées, qu'a fait le monde, aux courses héroïques de vos ancêtres, quand ils allaient visiter, les armes à la main, les monuments de l'art byzantin et de l'art arabe; l'un fécond encore, l'autre un moment sublime, tous deux modèles différents, dont un art nouveau fera sortir des merveilles. Vos chevaliers, vos princes, toute votre vaillante noblesse rapportèrent de la Sicile, de la Grande-Grèce, de l'Orient, un autre butin que celui des envahisseurs vulgaires. Ils rapportèrent tous ces monuments, châteaux, cathédrales, clochers, remparts, tour à tour dentelle ou massifs de pierre qu'ils suspendent jusque dans le ciel. Ils en couvrent vos cités. Ils en couvrent l'Angleterre. Qui le sait mieux que vous, messieurs, que tant de grands débris font les rivaux heureux de Coutances, de Caen, de Rouen, d'York, de Westminster, de toutes vos capitales? D'où vous est venu ce campanile admirable et gigantesque qui fait l'honneur de votre cité, et qu'une attention ingénieuse, qu'un art prompt et habile ont reproduit si bien à nos regards, jusque sous les vieilles voûtes où nous sommes, pour qu'il dominât cette fête et en quelque sorte y présidât, comme, du milieu de vos murailles, il semble dominer la Normandie entière! Oui! soyez-en fiers, et vos fils après vous. Car, cette architecture de la religion et de la guerre, qui unit si bien l'élégance à la force, la majesté à la puissance, qui enorgueillit l'Europe chrétienne, qui nous montre si imposante dans ses débris l'Europe féodale, elle fut à la fois votre conquête et votre ouvrage!

J'ai dit, messieurs, que le génie normand a été le même en toute chose, partout inventif et méthodique, hardi et sage. Il l'a été dans tous les arts, témoin les pures créations de Nicolas Poussin, et le souffle inspirateur dont elles ont animé l'école française! Il l'a été dans les arts de la pensée comme dans tout le reste, sous la plume de ses écrivains illustres comme sous le pinceau du Poussin. Que dire de tout ce qu'il a fait pour la littérature de la France? Comment citer tous les noms? Les premiers de nos historiens, dans l'ordre des dates : Daniel et Mezeray! les premiers de nos poëtes, au même titre : Clément Marot et Malherbe; les premiers de nos élégiaques, dans l'ordre du talent : Malfilàtre et l'auteur des *Messéniennes;* par-dessus tout, notre plus grand tragique, le rival des éternels modèles de l'antiquité, Corneille en un mot, et, pour mieux dire : les deux Corneille, que Casimir Delavigne et Ancelot suivront un jour! Rappellerai-je l'investigation patiente et les découvertes infatigables du savoir dans les travaux d'érudition, ceux de tous les Basnages, ceux de l'évêque d'Avranches, ceux des Bochart, ceux de Mme Dacier; l'investigation profonde et les découvertes infinies du sentiment dans les œuvres d'imagination, *Clélie, la Princesse de Clèves, Paul et Virginie?* Sur ce sol où les arts utiles, ceux qui nourrissent l'homme, ceux qui le vêtissent, ceux qui façonnent le fer, ceux qui nous donnent des vaisseaux pour réunir les continents et échanger les produits du monde, ont atteint leurs dernières limites, l'imagination se montre partout! Elle s'unit aux démonstrations de la science même; elle les colore et les embellit chez Fontenelle, qui a de l'esprit cent ans; elle les exalte chez Bernardin de Saint-Pierre, qui est un Normand des premiers âges, aventureux et enthousiaste comme les compagnons de Rollon ou de Robert Guiscard. Au fond, Malherbe et Corneille ont participé de ce même génie. Ce sont des conquérants, ce sont des fondateurs! Ils ont fondé la poésie française. Ils ont fondé la langue; ils ont préparé, ils ont créé son universalité qui est l'un des plus précieux attributs de notre puissance. Car cette universalité victorieuse survit à tous les revers où nous entraînent nos témérités; elle résiste à toutes les révolutions où nous précipitent nos déréglements. Tout le reste passe, et l'universalité de l'esprit français demeure. Enfants prodigues, c'est la seule part de notre patrimoine qu'il ne nous soit pas donné de jeter aux vents!

Je l'ai dit déjà; j'aime à le répéter, car je ne sais rien de plus caractéristique et de plus saisissant. Quel spectacle de voir, dans la métropole de la Normandie, l'une des capitales industrielles de la France et du monde, au milieu de tout ce mouvement d'une fabrication si active, d'un port si animé, une statue d'airain présider à tout ce concours d'intérêts positifs; c'est celle du grand Corneille! Et, quand on arrive du dehors sur vos rivages, comment, sans émotion, apercevoir, à l'entrée du port du Havre, dignement assises à l'ombre de la tour de François Iᵉʳ, les images de deux nobles représentants des lettres, Bernardin de Saint-Pierre et Casimir Delavigne, de trois bientôt, je suppose, car leur compatriote, leur émule et leur chantre Ancelot a d'avance sa place marquée auprès d'eux, qui semblent chargés de faire accueil à l'étranger, de lui apprendre que cette terre, où l'agriculture, l'industrie, le négoce vont déployer autour de lui leurs richesses, est avant tout la patrie des lettres, le foyer du génie, une perpétuelle renaissance de la Grèce antique!... Terre féconde et sacrée, qui garde toujours vivante, grâce à Dieu, au milieu des subversions que précipitent le caprice et la passion des hommes, l'empreinte du génie de François Iᵉʳ et de Louis XIV!

Et remarquez que la Normandie comprend les sciences, comme elle a compris les lettres; que les sciences ne sont pas seulement pour elle le levier qui vient en aide à nos sueurs, qui multiplie nos bras, qui enfante sans fin des richesses nouvelles, qui fait de l'industrie une des grandes carrières intellectuelles des peuples civilisés. C'est l'arme de conquêtes plus hautes, l'instrument d'investigations plus grandes : c'est une autre poésie, la plus sublime peut-être, qui applique ses forces à scruter tous les mystères de la création, à sonder toutes les profondeurs du firmament, à interroger, écrire ou avérer toutes les lois de l'univers. Qu'est Laplace, sinon le rival du Conquérant autant que de Newton, un audacieux, à la fois calme et intrépide, qui se promène sans faiblir à travers la charpente du monde et applique son génie à la démonstration des ressorts de la mécanique céleste? Qu'est un autre de vos concitoyens, le compatriote précisément des Robert et des Tancrède? Comme eux, il est le fondateur d'un royaume, mais celui-là inaccessible à nos efforts, inaccessible à nos regards, jusqu'au jour où cet aventureux et habile poursuivant de routes inconnues est allé s'en saisir et le soumettre dans les profondeurs de l'infini? Je ne craindrai pas d'invoquer le savant illustre à mon aide et de le nommer, quoique vivant, de le louer, dans l'ordre de ses travaux, quoique sénateur et dérobant ainsi à la science des moments qui devraient lui appartenir tout entiers. Car il s'agit de ce qui est seul important et perpétuel, l'honneur de la patrie !

Dans un coin du monde, un globe immense, qui roule aux extrémités de notre système, était affecté de perturbations, qui ne sont pas de celles dont se préoccupe la foule, mais qui troublaient fort et agitaient la science. Un jeune et hardi calculateur déclare qu'il y a, quelque part, dans les régions invisibles du ciel, une masse roulante dont le poids va, à travers des espaces presque incommensurables, porter à l'autre masse visible et connue ce désordre apparent, qui ne seront ainsi, selon les lois éternelles, que l'ordre même. Une prétendue infraction de la marche générale de l'univers et des règles que la main de Newton lui assigna, ne fera de la sorte qu'attester et prouver, jusqu'à l'évidence, l'existence, l'empire, la régularité de ces règles souveraines, de ces hypothèses sublimes. Puis, de calcul en calcul, de labeur en labeur, étendant la main sur un point de la voûte sans fond, y plongeant son compas à des profondeurs qui avaient échappé aux regards de la science et aux instruments de l'observation, il déclare que là gravite ignorée la cause de ce mal dont souffre le système du monde. A cette nouvelle, un étranger a la pensée de fixer sa lunette sur ce point mystérieux qui lui est indiqué. Il regarde, il s'étonne. Peut-être se trouble-t-il! car il est étranger, et ne sait pas encore ce que sa gloire va gagner dans ce commerce avec une autre gloire. Mais, enfin, il a vu l'astre inconnu, l'astre destiné peut-être à rester invisible toujours pour le savant qui observe, si celui qui médite, qui spécule, qui invente, qui crée, qui va devant soi toujours dans les cieux, comme la nef d'Ango sur les mers, n'avait dit, d'une voix assurée : « Pour la solution du problème, il nous faut une grande planète de plus, et la planète est là! » Elle était là, en effet, pour l'honneur de l'esprit français; et les envies, les dissidences contemporaines, les fautes et les misères qui passent ont pu, avec l'assentiment public, la faire baptiser du nom mythologique et ingrat de Neptune. Un jour viendra que, ces misères enfin effacées, la reconnaissance du monde savant lui restituera son nom normand de Le Verrier!

Il y a bien d'autres points qui nous touchent plus directement, dont il faut savoir gré aussi à la sagesse de vos pères; car elle y a également réuni l'habileté à la force et la modération au génie! On a dit que les Normands aiment les procès; on leur en a fait un reproche. Je leur fais une gloire de croire au droit et d'aimer la justice! Le duché de Normandie est le premier territoire dans l'Europe barbare, dans la nouvelle société européenne, où cette notion du droit et de la justice ait été connue, consacrée, vulgaire; le premier où la lutte des armes ait été remplacée par celle de la raison et de l'équité, où on ait cherché universellement, envers et contre tous, pour les grands comme pour les petits, le *jugement de Dieu*, non dans ces luttes armées, jeux du hasard et de la force, mais dans l'arrêt réfléchi des tribunaux, dans les prescriptions permanentes de la volonté souveraine, de la loi générale, de la justice éternelle. Cette grande et sainte notion de la justice, qui est le fondement de la civilisation, la condition et le principe de tout gouvernement libre, a été, je le répète, publique, populaire, réalisée par les institutions, incrustée dans les mœurs pour la première fois en Europe, sur la terre où nous sommes. Cette forte hiérarchie de la féodalité, qui a été une transition nécessaire et protectrice, tout en faisant payer cher quelquefois ses bienfaits, en n'ayant, ailleurs, pour contre-poids que Dieu et l'honneur, offrait à vos ancêtres d'autres garanties, avait d'autres contre-poids : c'étaient Dieu et la justice! Il n'y avait pas un *manant*, dans l'heureux duché, qui ne dît, comme la reine d'Angleterre, sur son trône, le fait encore : « Dieu et mon droit ! » Seulement, quand elle se croit lésée, elle combat. Nos paysans plaident. C'est leur manière de combattre. Ce fut, depuis huit cents ans, celle de vos pères. Je le dis à leur gloire. Vous avez vu hier comme cette notion du juste et de l'injuste a passé, sur votre tranquille sol, dans les idées, dans le sang, quand, à propos de cette question historique des *oubliettes*, dont je ne sais quel esprit, sans doute abusé, croyait l'existence avérée, un jeune et savant ecclésiastique, le digne gardien des archives de l'Eure, digne gardien, car il sait admirablement y lire [1], a jeté à l'orateur cet argument sans réplique : « C'est impossible; car c'eût été contraire à la justice! » Je ne suis pas sûr que l'argument fût invincible devant la logique, ni devant l'histoire; mais je sais que c'est là un cri tout à fait normand. J'en ai joui à ce titre, comme d'un trait de caractère national qui méritait d'être recueilli, de même que j'ai joui doublement du savoir et du talent de mon habile contradicteur, à cause du caractère dont il est revêtu. Les dignes ecclésiastiques qui me font l'honneur de m'écouter, me pardonneront de remarquer avec bonheur, combien il leur est facile de faire voir, quand ils le veulent, que, dans l'Église de France, la science égale la foi et les vertus.

J'ai dit que le sentiment de la justice est la condition nécessaire d'un régime de liberté. On l'a vu dans votre histoire et dans celle de votre grande conquête. L'*échiquier* de Normandie, d'où est venu celui de l'Angleterre, a été le principe des institutions judiciaires et civiles d'une moitié de l'Europe. Mais, dans la Normandie d'outre-mer, il a été, en outre, la première pierre du grand édifice de la monarchie constitutionnelle, et, dans le duché de Normandie, il fut l'origine et le point d'appui d'une liberté pratique dont on ne trouverait d'exemple nulle part ailleurs. Aujourd'hui encore, on peut voir vivant et en action ce système singulier, féodal et libre, tout empreint de garanties et d'autorité, de justice et d'indépendance, dans un coin du monde presque inconnu et voisin de vos rivages. Il y règne sans mélange et sans altération, comme un débris intact de votre passé. Là, règnent encore les statuts de Guillaume le

1. M. l'abbé Beurier.

Roux, tutélaires et inviolables; là, les générations goûtent, à l'ombre des vieilles institutions, une sécurité, un repos, un bonheur, une indépendance, une prospérité qui tiennent de l'utopie, mais qui sont, depuis six cents ans, une réalité dont nulle part l'équivalent ne pourrait se rencontrer dans tout l'univers. Cette vive image de liberté non écrite, de liberté féodale, de liberté incomparable, vit dans l'archipel normand, en l'île de Jersey que je ne puis oublier; car ce serait perdre la mémoire de toutes les consolations de l'exil et de toutes les dettes de l'hospitalité.

La *Coutume de Normandie* est un rare monument de la sagesse intelligente et hardie de l'esprit normand. Justinien, par ses *Institutes*, a illustré la décadence du monde romain. Vos jurisconsultes, sous vos ducs et ensuite sous nos rois, ont illustré les origines du monde moderne, en traçant, à la société de la conquête qui allait pendant des siècles représenter les intérêts de la civilisation et abriter les destinées du genre humain, les règles sans lesquelles l'ordre social, à peine formé, serait tombé nécessairement en poussière. Ces règles, filles de toutes vos traditions et de toutes vos maximes, étaient de celles qui font la famille disciplinée et forte, la société ordonnée et durable, la liberté possible. Sans doute, le temps pouvait les perfectionner et les changer. Mais elles reposaient sur les principes sans lesquels il n'y a point de hiérarchies, et par conséquent point d'institutions libérales chez les nations. Ces principes sont l'élément nécessaire de tout ordre et de toute stabilité dans l'État comme dans la société. Ils ont donné à l'Angleterre sa liberté autant que sa grandeur. Aussi constituent-ils, je ne crains pas de le dire, dans ce qu'ils ont de vrai et de nécessaire, l'un des caractères éminents et essentiels de ce que je continue à saluer dans mon respect du nom d'esprit normand.

Hélas! si cet esprit avait été celui de la France, seulement en ce qu'il a de naturellement tempéré, si ses instincts, circonspects autant que résolus, avaient été ceux de notre nation entière, si la grande patrie avait, comme la patrie normande, joint la mesure à l'élan, le frein à l'aiguillon, la prudence et la justice qui arrêtent, au courage et à l'activité qui précipitent, combien de maux eussent été épargnés à nos générations! Notre vaisseau, comme celui de vos grands navigateurs et de vos grands guerriers, aurait mieux su trouver sa route, marcher au but, se tenir

au port. Nous aurions accompli, avec moins d'efforts et de
sacrifices, selon toute apparence, les grandes choses que nous
avons voulues et brisées. Au lieu de cela, nous avons couru
droit à tous les écueils, et n'avons poursuivi nos buts chan-
geants qu'en changeant sans cesse de route. Faute de fortes
bases et d'une forte sagesse, un jour nous laissons l'ordre
périr, et le lendemain nous renonçons à la liberté!

Déjà, dans une carrière marquée par tant de vicissi-
tudes et par tant de naufrages, ce serait une œuvre digne
de quelques-uns de ceux qui me font l'honneur de m'é-
couter, de rechercher dans la suite de notre histoire, à
travers nos bouleversements, à travers nos grandeurs, ce que
l'esprit normand, dans son mélange avec les autres éléments
de l'esprit national, a fait pour nos destinées. Cette œuvre,
dis-je, serait digne de quelques-uns de ces jeunes hommes
qui nous ont appris ce que le concours de leurs lumières
peut apporter d'éclat à nos travaux; de celui, par exemple[1],
qui, déjà lauréat de l'Institut, vous a fait comprendre à tous
combien l'Institut place équitablement ses couronnes, en
nous donnant à prévoir qu'il saura passer lui-même, quelque jour, par la brèche qu'un premier succès a ouverte devant lui. Cette œuvre même siérait bien à l'expérience de celui qui, porté par les lettres, aux jours de sa jeunesse, dans
ce cabinet impérial où se décidaient les destins du monde,
a été porté, depuis lors, par son zèle dévoué de tant d'an-
nées pour les affaires de notre département aux plus grandes affaires et aux plus grandes situations de nos dernières
péripéties. L'histoire, dans les temps d'incertitude publique
tels que les nôtres, est également propre à diriger les carrières qui commencent et à couronner celles qui s'achèvent.
Elle affermit le sol sous nos pas; elle nous donne, dans le
passé, les points d'appui dont nous avons besoin; elle nous
éclaire sur ce que nous pouvons demander à l'avenir. Notre
pays, plus qu'un autre, peut se complaire à cette étude. Car
c'est l'honneur de la France de trouver partout, dans ses
annales, des jours de gloire, et son malheur de n'avoir encore que trop besoin d'enseignements.

Il y a plaisir, messieurs, a parler du passé dans un lieu
où il n'offre de tous côtés que des motifs d'émulation et d'en-

---

1. Raymond Bordeau, couronné par l'Académie des inscriptions et belles-
lettres.

couragement. A l'ombre de ces monuments que vous savez
si bien respecter, de ces remparts, de ces tours antiques,
où les générations surent prodiguer leur sang quand il le
fallait, elles surent aussi vivre calmes et prospères, libres
et fidèles, sous la conduite de magistrats éclairés, bienveil-
lants, éprouvés, comme celui qui nous accueille aujourd'hui.
Elles nous donnèrent ces sujets de méditation, sous l'égide
d'une de ces chartes locales de nos pères, qui ont été les
berceaux de la liberté moderne, que l'esprit normand, dès
les premiers jours de sa migration en Angleterre, imagina
de généraliser, par une grande innovation, en donnant
l'exemple de les étendre, tout à coup, sous le nom de
grande charte, à tout un royaume. Placée à l'extrême fron-
tière de la Normandie, Verneuil y montra, de siècle en
siècle, une vive image des vertus qui font vivre les lois, et
des biens que le règne des lois enfante. Cette sagesse et
cette fidélité traditionnelles se sont unies chez vous, comme
chez les autres Normands des deux rivages, au génie des
lettres, à celui de l'industrie, à celui de la guerre. La Normandie posséda, dans la *Pieuse Muse* du moyen âge, la
première des Françaises qui ont écrit; elle a possédé, dans
Mme de Lafayette, la plus gracieuse de toutes. Est-ce moi
qui pourrais oublier qu'aujourd'hui encore vos murailles
abritent l'auteur d'écrits charmants, poëte aimable, muse
délicate et ingénieuse, dont le talent a la gloire de ne s'être
jamais inspiré que de la noblesse des sentiments, de la sain-
teté des croyances, de la fidélité des souvenirs! Cette
gloire aussi a été celle des écrits aussi bien que des actions
du citoyen vraiment illustre, du soldat vraiment héroïque,
dont la mémoire vous est si chère à tous. Le marquis de
Chambray, qui avait ses ancêtres aux croisades, qui en
comptait un parmi les compagnons de Guillaume le Conquérant, avait compté lui-même parmi les compagnons de
Napoléon, courant aux extrémités de la Russie et campant
au Kremlin. Chef de l'une de nos armes savantes, il était
arrivé là de grade en grade et de bataille en bataille. Au
retour de ses campagnes, rentré dans le calme de la vie
civile, il se met à écrire l'histoire des grandes choses aux-
quelles il avait pris part, et il l'écrit de manière à faire voir
à tous, à son propre insu, ce qu'il avait été sur ce grand
théâtre, et ce qu'il y avait fait. Mme Aglaé de Corday vivra
parmi les femmes dont peut s'honorer la Normandie; le

général de Chambray, parmi les hommes de guerre, dont s'honora la grande armée, dont elle s'est honorée à un double titre, et comme acteur du drame incomparable, et comme historien.

Messieurs, tous les souvenirs d'exploits illustres, toutes les grandes épopées s'enchaînent dans la pensée. En voyant ces vieux écussons des cités normandes, que le vandalisme, ou, si l'on veut, l'égalité révolutionnaire, car c'est la même chose, prétendait détruire, et que deux savantes compagnies restituent librement à nos respects; en contemplant, ce matin, les antiques bannières de la Normandie que le patriotisme ingénieux de vos magistrats faisait flotter avec le drapeau de la France au sommet de vos monuments, je n'ai pu m'empêcher d'éprouver une double émotion. L'une a été de penser avec orgueil et tristesse à ces siècles de gloire, trop oubliés aujourd'hui, où la monarchie française régnait en souveraine, sans contestation et sans rivale, dans tout cet Orient, dès longtemps soumis au génie, aux armes, au commerce, à la politique de la France, quelquefois hérissé de royaumes fondés par nos chevaliers et par nos princes, toujours incliné devant nos négociateurs quand ce n'était pas devant nos guerriers! L'autre, est de penser, plus encore, à nos travaux d'aujourd'hui, aux épreuves où sont engagées les couleurs de la France, aux luttes que soutient, dans cet instant même, sous ses chefs intrépides, notre jeune armée. Tandis qu'ici nous poursuivons avec sécurité le cours de nos études ou de nos fêtes, occupés d'agriculture, d'industrie, de science, l'armée l'est de gloire, et Dieu lui a fait payer cher cette naturelle ambition du soldat français! Sur le seuil de cet Orient, un ennemi l'attendait, contre lequel il n'y a pas à combattre, que l'art de la guerre ne peut pas vaincre. Aujourd'hui, un autre adversaire lui est donné. Celui-là, nos soldats peuvent l'atteindre à la pointe de l'épée! Ils vont, à la voix de leurs chefs, le chercher au siège de sa force. A l'heure où nous sommes, ils prodiguent leur sang comme ont tant fait leurs pères. Ils combattent, en un mot!... Ils vaincront!

Messieurs, et vous aussi, mères, filles, sœurs de tous ces enfants de la France qui affrontent tous les périls à la fois, si loin de nous : A nos soldats, le cri de tous ceux qui ont parlé, la pensée de tous ceux qui se taisent! A l'honneur perpétuel de notre drapeau, dans tous les temps! Aux glorieux souvenirs de la patrie normande, à ceux de la grande patrie dans lesquels se réunissent et se confondent tous les autres! Enfin, à la Compagnie savante et dévouée qui se consacre à les recueillir! Elle s'appelle la *Société française.* Elle est digne de son nom...... A la *Société française!* messieurs, au péril du double sens!

FIN.

CPSIA information can be obtained
at www.ICGtesting.com
Printed in the USA
BVHW071056290119
538944BV00019B/1020/P